1. Lese-stufe

THiLO und Markus Grolik

Erstlesegeschichten vom Zauberwald

Mit Bildern von Lila L. Leiber,
Almud Kunert und Markus Grolik

Ravensburger Buchverlag

Bibliografische Information der Deutschen Nationalbibliothek:

Die Deutsche Nationalbibliothek verzeichnet diese Publikation
in der Deutschen Nationalbibliografie.
Detaillierte bibliografische Daten sind im Internet
über http://dnb.d-nb.de abrufbar.

1 2 3 4 5 E D C B A

Ravensburger Leserabe
Diese Ausgabe enthält die Bände
„Die Prinzessin und das Einhorn" von THiLO mit Illustrationen von Lila L.Leiber,
„Im Elfenwald" von THiLO mit Illustrationen von Almud Kunert,
„Elfi Zauberfee und das Einhorn" von Markus Grolik
© 2010, 2011 Ravensburger Buchverlag Otto Maier GmbH

© 2019 Ravensburger Buchverlag Otto Maier GmbH
Postfach 18 60, 88188 Ravensburg
für die vorliegende Ausgabe

Umschlagbild: Maria Bogade
Konzeption Leserätsel: Dr. Birgitta Redding-Korn
Design Leserätsel: Sabine Reddig

Printed in Germany
ISBN 978-3-473-36122-9
(für die Ausgabe im Ravensburger Buchverlag)

www.ravensburger.de
www.leserabe.de

Inhalt

 Die Prinzessin und das Einhorn   7

 Im Elfenwald   45

 Elfi Zauberfee und das Einhorn 83

THiLO

Die Prinzessin und das Einhorn

Mit Bildern von Lila L. Leiber

Merkwürdige Spuren

Das Fest der Könige ist vorbei.
Fröhlich steigen fünf Prinzessinnen
in die goldene Kutsche.
„Endlich fahren wir nach Hause!",
rufen sie.

8

Nur die kleinste Schwester ist sauer.
„Ich will reiten so wie Papa!",
schimpft Prinzessin Fabiola.

Aber ihre Mutter schüttelt den Kopf.
„Das ist zu gefährlich", sagt die Königin.
„Du bist erst sieben Jahre alt!"

Fabiola schmollt.
Zur Strafe spricht sie
kein Wort mit ihrer Mutter.
Lieber sieht sie aus dem Fenster.

Nach ein paar Stunden
bleibt die Kutsche
plötzlich stehen.
„Wir müssen einen Baum
vom Weg räumen!",
erklärt der König.

Endlich passiert etwas Spannendes!
Fabiola blickt zu ihrer Mutter.
Sie ist längst eingeschlafen
ebenso wie ihre Schwestern.
Unbemerkt schlüpft Fabiola
aus der Kutsche.

Die Männer des Königs
ächzen und stöhnen.
Der Baum ist furchtbar schwer.

Fabiola will alles genau beobachten.
Doch was ist das?

Zwischen zwei Bäumen entdeckt sie
seltsame Abdrücke.
Wie von einem Pferd.
Aber der Huf ist gespalten!

Wo die Spur wohl hinführt?,
denkt die kleine Prinzessin.
Leise geht sie tiefer in den Wald.

Plötzlich hört sie Hufe trappeln.
Die Kutsche fährt weiter!

„Halt!", ruft Fabiola.
„Ihr habt mich vergessen!"
Hastig versucht sie,
ihre Familie einzuholen.

Da bleibt sie mit dem Schuh
an einer Wurzel hängen.
Die kleine Prinzessin fällt hin.

Sofort will Fabiola wieder aufstehen.
Aber es tut zu weh.
Ihr Fuß beginnt anzuschwellen.

Fabiola kullert eine Träne
über die Wange.
Was soll sie jetzt bloß tun?

Überraschung auf leisen Hufen

Ganz allein hockt Fabiola im Wald.
Es wird immer dunkler.
Bald ist es Nacht.

„Hilfe!", ruft die kleine Prinzessin.
Aber wer soll sie hören?

Plötzlich knackt ein Ast.
Erschrocken dreht sich Fabiola um.

Hinter einem großen Baum
steht ein Einhorn!
Es hat ein schneeweißes Fell
und ist noch ganz jung.

Fabiola streckt die Arme aus.
„Hallo, du", flüstert sie.
„Komm doch mal her!"

Zuerst schüttelt das Einhorn
nur seine lange Mähne.
„Ich tue dir nichts!",
sagt Fabiola leise.

Da scharrt das Einhorn
mit den Hufen.
Langsam kommt es näher.
Es ist wunderschön!

Fabiola will so gerne
sein Fell streicheln.
Aber als sie aufsteht,
tut ihr Fuß wieder so weh.

Da beugt das Einhorn
den Kopf hinunter.
Mit seinem Horn
berührt es Fabiolas Fuß.

22

Für einen Moment scheint der Wald
in helles Licht getaucht zu sein.

Dann springt Fabiola auf.
„Es tut nicht mehr weh!", jubelt sie.
Glücklich tanzt sie über das Moos.

„Ich heiße Adala",
sagt das Einhorn plötzlich.
Es hat gar nicht das Maul bewegt.
Und doch hat Fabiola
die Worte deutlich gehört.

Langsam geht Adala in die Knie.
„Komm, wir spielen!", wispert sie.

Fabiola darf
auf ihren Rücken klettern.
Langsam trabt das Einhorn vorwärts.

Dann bleibt Adala stehen
und sieht in den Himmel.
Der Vollmond blitzt
durch die Baumkronen.

„Oh, höchste Zeit!", ruft Adala.
„Schnell, sonst komme ich zu spät!"
Für Fabiola bleibt keine Zeit
abzusteigen.

Die Versammlung der Einhörner

Schnell wie der Wind
rennt das Einhorn
mit Fabiola
durch den Wald.

„Heute Nacht versammeln
sich alle Einhörner der Welt!",
erklärt Adala.
„Menschen dürfen dort nicht hin.
Kannst du ein Geheimnis
für dich behalten?"

28

Fabiola nickt.
„Ich werde niemandem
von heute Nacht erzählen!",
verspricht sie.

Adala stoppt.
Die kleine Prinzessin
rutscht von ihrem Rücken herunter.
Schnell versteckt sie sich im Gebüsch.

Adala geht langsam weiter.
Neben einem Wasserfall
bleibt sie stehen.

Fabiola staunt.
Mehr und mehr Einhörner
kommen auf die Wiese.
Ruhig beschnuppern sie sich.

Plötzlich betritt ein altes Einhorn
den Platz. Sein Fell ist schon grau.
„Adala, tritt vor!", ruft es.
„Und bringe auch deine Mutter mit!"

Langsam gehen Adala
und ihre Mutter zu dem Grauen.
„Du bist nun alt genug", sagt er.
„Verabschiede dich von deiner Mutter
und suche dir einen eigenen Wald!"

Adala reißt erschrocken die Augen auf.
„Aber ich kenne keinen Wald
ohne Einhorn!", stammelt sie.
„Kannst du mir helfen, Mama?"

Adalas Mutter schüttelt ihre Mähne.
„Das darf ich nicht!"

In ihrem Busch ballt Fabiola
die Fäuste.
„Aber ich!", flüstert sie.

Unser Geheimnis!

Mit hängendem Kopf
trabt Adala in den Wald zurück.

Schnell klettert Fabiola
wieder auf ihren Rücken.
Die anderen Einhörner merken nichts.

36

„Kannst du ein Geheimnis
für dich behalten?", fragt nun Fabiola.

Adala nickt.
„Ich werde niemandem
von heute Nacht erzählen",
verspricht sie.

Fabiola lacht.

„Im Wald neben unserem Schloss
lebt kein anderes Einhorn.
Sonst hätte ich längst
seine Spuren gefunden!"

Fröhlich macht Adala
einen großen Satz vorwärts.
Dann läuft sie los.

Fabiola kuschelt sich ganz tief
in ihre Mähne und schläft ein.

Im Morgengrauen wird die Prinzessin
durch laute Trompeten geweckt.
Sie stehen vor ihrem Schloss.

„Der König kommt!",
ruft der Wächter auf dem Turm.
Eben biegt die Kutsche um die Ecke.

Schnell
springt Fabiola ab.
„Verschwinde im Wald",
sagt sie.
Dann drückt sie Adala
einen dicken Kuss
auf die Nase.

Das Einhorn wiehert.
Ehe Fabiola blinzeln kann,
ist es verschwunden.

Die Kutsche kommt zum Stehen.
Leise öffnet Fabiola die Tür
und setzt sich auf ihren Platz.

Davon werden die Königin
und die fünf Schwestern wach.

„Hattest du eine schöne Nacht?",
fragt ihre Mutter und gähnt.

Fabiola nickt und lächelt.
„Einfach zauberhaft!", flüstert sie.
Mehr verrät sie nicht.

THiLO

Im Elfenwald

Mit Bildern von Almud Kunert

Traurige Ferien

Langsam ruckelt der Reisebus
durch den Wald.
Anna schaut traurig
aus dem Fenster.

46

Dabei hatte sie sich so
auf ihre Ferien gefreut!
Zusammen mit vielen anderen Kindern
fährt sie ins Sommerlager.

Eigentlich sollte ihre beste Freundin
mitkommen.
Aber jetzt hat Maike die Masern!

Die anderen Mädchen lachen
und spielen Karten.
Anna kennt niemanden.

Als der Bus ankommt,
stürmen alle Mädchen
zum Tischtennisraum.
Keiner fragt,
ob Anna mitspielen will.

48

Geknickt geht Anna
hinters Haus.
Sie muss an Maike denken.
Und ganz viel an Mama und Papa.

„Hoffentlich sind die Ferien
bald vorbei!", klagt Anna.
Bekümmert hockt sie sich
auf einen dicken Stein.

„Pssst!", wispert da plötzlich
eine feine Stimme.

Anna traut ihren Augen nicht.
Zwei Feen tanzen um ihren Kopf!
Beide nur so groß wie ein Daumen.

„Ich heiße Bruna!",
stellt sich die blonde Fee vor.
„Und das ist Amanda!"

Die Fee mit den schwarzen Haaren
setzt sich auf Annas Hand.
„Du musst uns helfen!", bittet sie.
„Es geht um unsere Königin!"

Anna staunt.
„Aber wie?", fragt sie.
„Mund auf!", kommandiert Amanda.

Dann wirft die Fee Anna
eine Beere in den Mund.
Es macht BUFF!
und Anna ist genauso klein
wie die Feen!

Ein zauberhafter Flug

Anna schüttelt verwirrt den Kopf.
Der Fliegenpilz neben ihr ist jetzt
so groß wie ein Baum!

54

„Lass mich mal durch!",
ruft eine Schnecke.
„Ich kann nicht bremsen!"

Amanda kichert.
„Du machst aber
ein komisches Gesicht!",
sagt sie.

Beide Feen geben Anna die Hand.
Dann fliegen sie
über eine bunte Blumenwiese.
In der Luft flattern
viele Schmetterlinge.

„Was ist denn eigentlich los?",
fragt Anna nach einer Weile.

Bruna und Amanda sehen sie ernst an.
„Königin Liliana ist krank!",
berichtet Amanda besorgt.

„Alle Feen suchen
die lila Zauberblume",
erzählt Bruna.
„Nur ihre Blätter
können Liliana heilen!"

Anna runzelt die Stirn.
„Oje!", stöhnt sie. „Mit Blumen
kenne ich mich nicht gut aus!"

Bruna schüttelt den Kopf.

„Wir haben die Blume schon gefunden",
antwortet die Fee.

„Aber es gibt da ein Problem!"

Vorsichtig landen die Feen
an einer Felsspalte.
Anna schielt in die Tiefe.
Da blitzt etwas lila!

„Das ist die Zauberblume!",
klärt Bruna auf.
„Aber die Spalte ist zu eng,
um hineinzufliegen!"

Bruna legt ihren Arm
um Annas Schulter.
„Nur zu dritt können wir
die Zauberblume pflücken."

Als sich Anna umdreht,
schreit sie laut auf.
Hinter ihnen lauert
eine riesige Spinne!

Eine schwere Aufgabe

„Schnell weg hier!", kreischt Anna.
„Die Spinne will uns fressen!"
Schnell springt sie
hinter einen Steinpilz.

Amanda und Bruna kringeln sich
vor Lachen.
Und die Spinne lacht lauthals mit.

Amanda holt Anna aus ihrem Versteck.
„Das ist unsere Freundin Spinderella,
die sechsbeinige Zauberspinne!"

Spinderella nickt.

Sie hat besonders dicke Fäden
gesponnen.

„Die leihe ich euch!", brummt sie.

Die Feen binden Anna zwei Fäden
um den Bauch.
Dann lassen sie
das Menschenmädchen
in die Tiefe gleiten.

Tiefer und tiefer geht es hinab
in die Spalte.
Annas Herz klopft wild.

Endlich erreicht sie
die lila Zauberblume.
„Ich hab sie!", ruft Anna fröhlich.

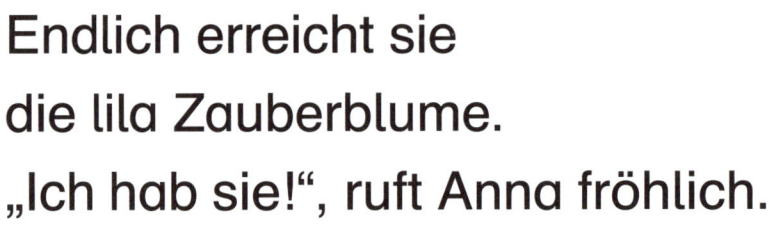

Mit vereinten Kräften ziehen die Feen
ihre Freundin wieder nach oben.
Sogar Spinderella hilft mit.

Vor Freude hüpfen und tanzen alle
durch den Klee.

„Schluss jetzt!", mahnt Bruna.
„Liliana kann nicht länger warten!"

Im Palast der Feenkönigin

Wie der Wind fliegen die Feen
durch den Wald.

Vor einem uralten Ahornbaum
landen sie.
Unter seinen Wurzeln ist ein Loch.
„Das ist der Eingang zum Palast!",
erklärt Bruna.

Lange wandern die drei
durch die Gänge.
Glühwürmchen leuchten ihnen.

Endlich kommen sie
in einen großen Saal.
Anna steht der Mund auf
vor lauter Staunen.

Der ganze Raum ist
ein einziger Kristall!
Er leuchtet wie ein Regenbogen.

„Verehrte Königin!", säuselt Amanda.
Mitten im Saal steht
ein großes Himmelbett.

Unter einem Ahornblatt liegt Liliana.
Die Feenkönigin ist wunderschön,
findet Anna.
Aber ihr Gesicht ist blass.

„Das Menschenmädchen hat
deine Medizin gepflückt!", sagt Bruna.
Langsam geht Anna zu dem Bett.

Sie nimmt ein Blütenblatt.
Vorsichtig schiebt sie es der Königin
zwischen die bleichen Lippen.

Schon nach den ersten Bissen
lächelt Liliana.
Und als die ganze Blume verzehrt ist,
setzt sie sich auf.

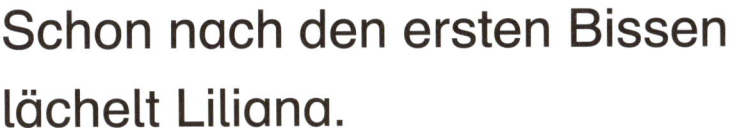

„Du bist ein gutes Kind!",
haucht sie Anna entgegen.
„Ich werde dir deinen größten Wunsch
erfüllen!"

Mit einer tiefen Verbeugung
verabschiedet sich Anna.

„Was soll ich mir bloß wünschen?",
grübelt Anna.
Vom Rückflug bekommt sie
gar nichts mit.

„Wir sind da!", ruft Amanda plötzlich.
Sie stehen vor einem großen Haus.

„Ach ja!", fällt es Anna wieder ein.
„Ich bin ja im Sommerlager!"

„Mund auf!", kommandiert Amanda.
Sie wirft Anna eine Beere
in den Mund.
BUFF! ist sie wieder
so groß wie früher.

„Vielen Dank noch mal!",
wispern die beiden Feen.
„Und guck nicht so traurig!"
Dann schwirren sie davon.

„Am besten wünsche ich mich
nach Hause!", denkt Anna.
Da steht mit einem Mal Lisa vor ihr.
Das Mädchen saß im Bus neben Anna.

„Hey, da bist du ja, Anna", sagt sie.
„Ich habe dich schon überall gesucht.
Spielst du mit Verstecken?"

Anna lacht.

Eine Freundin –

das war wirklich ihr größter Wunsch!

„Gern!", stimmt Anna zu.

„Manche Dinge kann man eben

nicht allein machen!"

Markus Grolik

Elfi Zauberfee und das Einhorn

Im Zauberwald

Langsam geht die Sonne
hinter den Bergen unter.
Wie jeden Abend
laufen die Einhörner
zu einem geheimen Pfad.

Der Pfad führt zum Kristallsee.

Dort wartet ein alter Mann.

Es ist der Zauberer Merlin.

Merlin ist der Hüter der Einhörner.
Mit seinem Floß bringt er
die Einhörner nach Hause
auf die Insel der Nebel-Elfen.

Das kleine Einhorn Goldhuf trödelt.
Es bleibt stehen, schnuppert
und hebt den Kopf.

Aus dem Wald duftet es
nach Zuckerfarn.
Das ist die Lieblingsspeise
des kleinen Einhorns.

Zuckerfarn habe ich so lange
nicht mehr gefressen,
überlegt das kleine Einhorn
und verlässt den Weg.

Goldhuf läuft in den Zauberwald.
Mitten auf einer Lichtung
findet das kleine Einhorn Zuckerfarn.

„Hm, schmeckt lecker!",
schmatzt Goldhuf glücklich.

Das kleine Einhorn schaut sich um.
Nebel kriecht über den Waldboden.
Der Weg ist nicht mehr zu sehen.

Goldhuf bekommt Angst.
„Ich muss schnell nach Hause",
wiehert Goldhuf und läuft los.

„Wo seid ihr?", ruft Goldhuf
nach den anderen Einhörnern.
Niemand antwortet.
Ein Rabe krächzt in den Bäumen.

Goldhuf erschrickt
und läuft schnell davon.
„Halt, bleib doch stehen!",
ruft der Rabe.
Doch Goldhuf rennt tiefer
in den Zauberwald hinein.

Retterin gesucht!

Am Rande des Zauberwaldes
liegt eine große Wiese.
Dort steht das Feenschloss.

Im Schloss lebt Elfi Zauberfee
mit ihrer Mutter.
Elfi hilft ihrer Mutter,
die Tasche mit Feenstaub zu füllen.
Elfis Mutter fliegt jede Nacht
in die Stadt zu den Menschen,
um Wünsche zu erfüllen.

Elfis Mutter nimmt die Tasche

mit Feenstaub

und gibt Elfi einen Gutenachtkuss.

Dann fliegt sie los.

Elfi winkt ihr noch lange nach.

Elfi krabbelt in ihr Blütenbett
und träumt von der Feenschule.
„In der Feenschule lerne ich
zaubern und Wünsche erfüllen,
auch ganz schwierige."

Elfi gähnt und kuschelt sich
in ihr Kissen.

„Hilfe! Ich brauche Hilfe!",
krächzt der Rabe.

„Was ist denn passiert?",
fragt Elfi.

„Ein kleines Einhorn hat sich
im Zauberwald verlaufen.
Ich wollte ihm helfen,
aber es hatte Angst vor mir.
Nur eine Zauberfee kann ihm helfen",
sagt der Rabe aufgeregt.

„Mama ist nicht da", erwidert Elfi.
„Dann komm du! Schnell!",
krächzt der Rabe.

„Aber ich bin noch gar keine
richtige Zauberfee", sagt Elfi.
„Ich lerne erst,
Wünsche zu erfüllen."

„Macht nichts. Hauptsache,
du kommst mit
und hilfst das Einhorn suchen",
sagt der Rabe.
Elfi überlegt.

„Wir haben keine Zeit zu verlieren",
krächzt der Rabe
und flattert zum Fenster.

Elfi springt aus dem Bett
und zieht ihre Schuhe an.

„Da geht's lang!", ruft der Rabe
und zeigt Elfi den Weg
in den Zauberwald.

Schließlich landet der Rabe
auf dem Ast einer Buche.

„Da unten habe ich das Einhorn
zuletzt gesehen,
bevor es weiter
in den Wald gelaufen ist",
erklärt der Rabe besorgt.

„Lass uns am Boden
weitersuchen", sagt Elfi.

Eine abenteuerliche Suche

Elfi und der Rabe klettern
über Wurzeln und Steine.

„Da drüben ist eine Höhle.
Vielleicht ist das Einhorn
da hineingelaufen!",
ruft Elfi und fliegt zum Eingang.

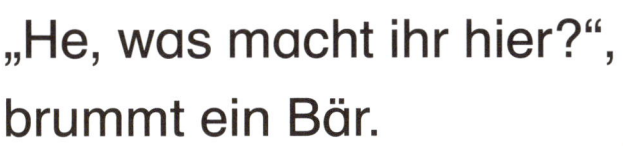

„He, was macht ihr hier?",
brummt ein Bär.
„Wir suchen ein Einhorn.
Kannst du uns helfen?",
fragt Elfi.

„Hier ist kein Einhorn.
Sucht gefälligst woanders",
knurrt der Bär.

„Was machen wir jetzt?",
fragt Elfi ratlos.

Da raschelt es im Gebüsch.
„Kann ich euch helfen?",
fragt ein Hase.

„Hast du ein kleines Einhorn
gesehen?", fragt Elfi.
Der Hase schüttelt den Kopf.
„Schade", seufzt Elfi enttäuscht.

„Fragt mal das Eichhörnchen.
Das kommt viel herum
und kriegt alles mit", sagt der Hase
und deutet auf den Wipfel
einer hohen Tanne.

„Hallo, kannst du uns helfen?",
fragt Elfi.
„Sucht ihr vielleicht ein Einhorn?",
fragt das Eichhörnchen.

„Ja, hast du es gesehen?",
fragt Elfi.
„Es hat sich im Gestrüpp verfangen.
Kommt, ich zeige euch, wo es ist",
erklärt das Eichhörnchen.

Flink springt das Eichhörnchen
von Ast zu Ast.
„Nicht so schnell!", ruft Elfi.

Das Eichhörnchen klettert
einen Stamm hinunter und winkt:
„Da drüben ist es!"

„Ich bin Elfi Zauberfee.
Ich bin gekommen,
um dir zu helfen", sagt Elfi.

„Ich heiße Goldhuf.
Mein Bein ist in einer Wurzel
eingeklemmt",
schnaubt das Einhorn erschöpft.

Elfi tastet vorsichtig
nach Goldhufs Vorderfuß.
Er sitzt in einer Schlingwurzel fest.

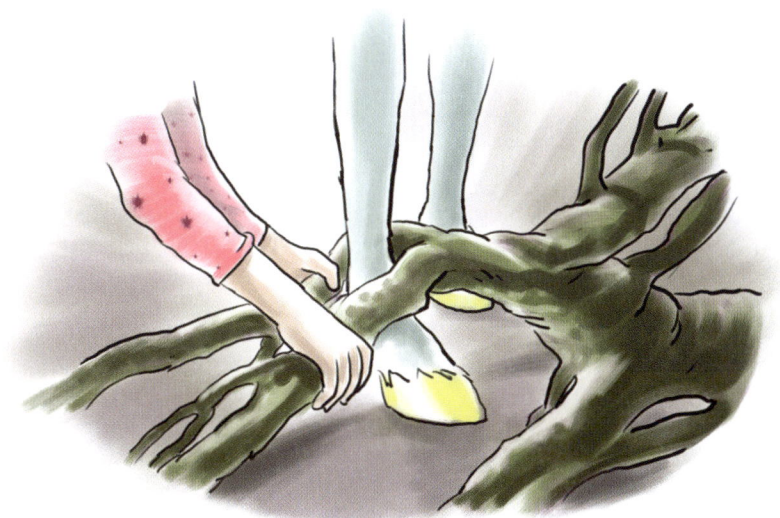

Sosehr sich Elfi auch anstrengt,
der Fuß lässt sich nicht befreien.

Und was nun?

„Ich bin nicht stark genug,
um dich zu befreien", seufzt Elfi.
„Aber du bist doch eine Zauberfee",
wiehert Goldhuf.
„Zaubern muss ich erst lernen",
sagt Elfi leise.

112

„Wir brauchen jemanden,
der uns hilft", krächzt der Rabe.
„Aber wen denn?", schnaubt Goldhuf.

„Jemanden, der richtig stark ist",
überlegt der Rabe.
Elfi lacht.
„Genau, und zwar bärenstark."

„Du schon wieder", brummt der Bär.
„Lieber, Bär, stimmt es,
was alle sagen?",
fragt Elfi mit honigsüßer Stimme.

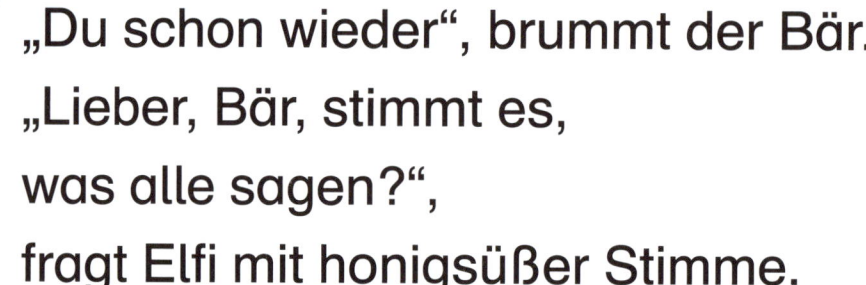

„Was denn?",
fragt der Bär.
„Dass du soo stark bist", sagt Elfi.
„Bääärenstark!" Der Bär nickt.
„Kannst du mir das zeigen?",
fragt Elfi.
„Und wie?", überlegt der Bär.

„Komm einfach mit", sagt Elfi
und der Bär tapst hinter ihr her.

„Keine Angst, der Bär tut dir nichts",
beruhigt Elfi Goldhuf.
Mit seinen Pranken biegt der Bär
die Wurzel auseinander.
Goldhuf wiehert erleichtert:
„Danke."

Elfi schaut sich den wunden Fuß
des Einhorns an.
„Das muss ich verbinden", sagt sie.

Der Rabe und das Eichhörnchen
holen Misteln aus den Bäumen.
Elfi macht damit einen Verband.

Der Bär hat eine Trage gebaut.
Gemeinsam bringen Elfi
und die Waldtiere das Einhorn zurück
zum Kristallsee.

Am Ufer wartet der Zauberer Merlin.
Er umarmt das kleine Einhorn.
Goldhuf erzählt ihm,
was passiert ist.

„Zum Glück hat dich eine Zauberfee
gerettet", lacht Merlin erleichtert.
„Ohne meine Freunde
aus dem Zauberwald
hätte ich es
nie geschafft",
entgegnet Elfi.

Merlin bedankt sich
und bringt Goldhuf auf das Floß.

„Darf ich euch mal besuchen?",
ruft Goldhuf zum Abschied.
„Das wäre toll. Darf ich dann auch
mal auf dir reiten?", fragt Elfi.
„Versprochen!", wiehert Goldhuf.

Leserabe Leserätsel

Rätsel 1

Die Prinzessin und das Einhorn

Welches Wort stimmt? Kreuze an!

Fabiola will
- ☒ reisen.
- ○ reimen.
- ○ reiten.

Das Einhorn heißt
- ○ Adelina.
- ○ Adala.
- ☒ Adele.

Jedes Einhorn braucht einen
- ○ Wald.
- ☒ Wagen.
- ○ Wachturm.

Rätsel 2

Im Elfenwald

Findest du die richtige Seite? Trage die Zahl ein!

Auf Seite __2__ steht ein Mal **Reisebus**.

Auf Seite __7__ steht ein Mal **Fliegenpilz**.

Auf Seite __2__ steht ein Mal **Ahornblatt**.

Elfi Zauberfee und das Einhorn

Fülle die Kästchen aus!
Benutze nur Großbuchstaben:
Rabe ➜ RABE

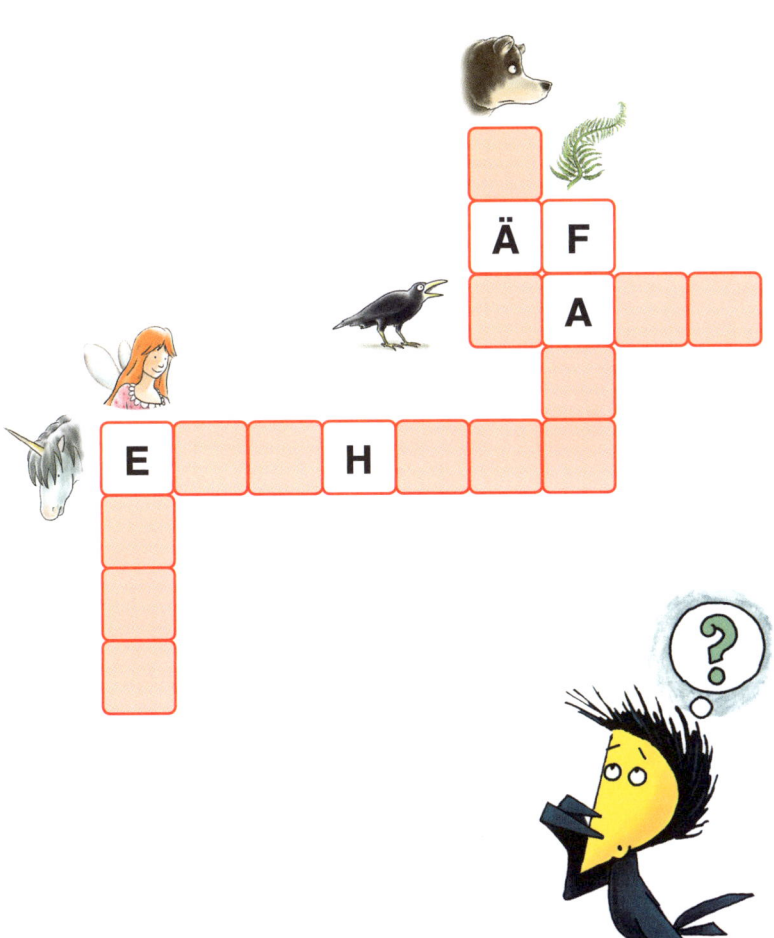

121

Elfi Zauberfee und das Einhorn

Fülle die Lücken aus. Trage die Buchstaben in die richtigen Kästchen ein. So findest du das Lösungswort heraus!

Der Zauberer heißt

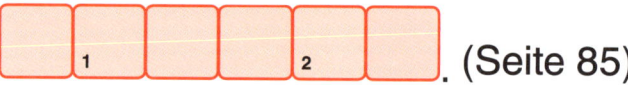

. (Seite 85)

Elfi und ihre Mutter wohnen in einem

. (Seite 95)

Der Huf des Einhorns ist in einer

eingeklemmt. (Seite 110)

Elfi macht aus Misteln einen

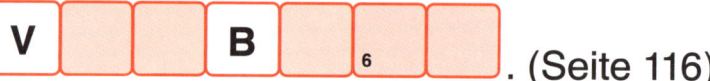

. (Seite 116)

Lösungswort:

Rabenpost

Herzlichen Glückwunsch!

Du hast das ganze Buch geschafft und
die Rätsel gelöst, super!!!

Jetzt ist es Zeit für die Rabenpost.
Wenn du das Lösungswort herausgefunden hast,
kannst du tolle Preise gewinnen!

Gib es auf der  Website ein

▶ www.leserabe.de,

mail es uns ▶ leserabe@ravensburger.de

oder schick es mit der Post.

Lösungswort:

An
den LESERABEN
RABENPOST
Postfach 2007
88190 Ravensburg
Deutschland

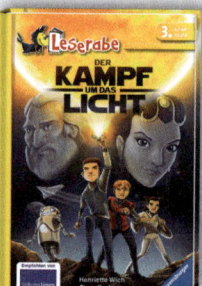

Ravensburger Bücher

Leserabe
Lies dich fit!

1. Lese-stufe

ISBN 978-3-473-**36520**-3

ISBN 978-3-473-**36521**-0

ISBN 978-3-473-**36538**-8

ISBN 978-3-473-**36537**-1

2. Lese-stufe

ISBN 978-3-473-**36523**-4

ISBN 978-3-473-**36522**-7

ISBN 978-3-473-**36539**-5

ISBN 978-3-473-**36540**-1

www.leserabe.de

Tägliches Lesetraining mit Stickerspaß

Ravensburger

ERZ_15_025

Ravensburger Bücher

Leichter lesen lernen mit der Silbenmethode

   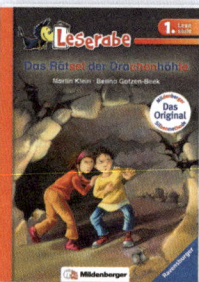

ISBN 978-3-473-**38573**-7*
ISBN 978-3-619-**14440**-2**

ISBN 978-3-473-**38563**-8*
ISBN 978-3-619-**14473**-0**

ISBN 978-3-473-**38566**-9*
ISBN 978-3-619-**14474**-7**

ISBN 978-3-473-**38576**-8*
ISBN 978-3-619-**14442**-6**

ISBN 978-3-473-**38552**-2*
ISBN 978-3-619-**14443**-3**

ISBN 978-3-473-**38095**-4*
ISBN 978-3-619-**14448**-8**

ISBN 978-3-473-**38577**-5*
ISBN 978-3-619-**14449**-5**

ISBN 978-3-473-**38575**-1*
ISBN 978-3-619-**14446**-4**

ISBN 978-3-473-**38570**-6*
ISBN 978-3-619-**14483**-9**

ISBN 978-3-473-**38569**-0*
ISBN 978-3-619-**14482**-2**

ERZ_15_028

www.ravensburger.de / www.mildenberger-verlag.de

** Gebundene Ausgabe bei Mildenberger • **Broschierte Ausgabe** bei Ravensburger